MULHER E CONTRACEPÇÃO
Evolução e conquista

Dr. José Bento

MULHER E CONTRACEPÇÃO
Evolução e conquista

Pesquisa e redação
Elaine Rodrigues

Ilustrações
Orlando

Dados Internacionais de Catalogação na Publicação (CIP)
(Câmara Brasileira do Livro, SP, Brasil)

Souza, José Bento de
  Mulher e contracepção : evolução e conquista / José Bento de Souza ; pesquisa e redação Elaine Rodrigues ; ilustrações Orlando. — São Paulo : Alaúde Editorial, 2003.

Bibliografia.

  1. Anticoncepcionais 2. Concepção — Prevenção 3. Gravidez — Obras de divulgação 4. Mulheres — Saúde e higiene I. Rodrigues, Elaine. II. Orlando. III. Título

03-5922   CDD-613.94082

Índices para catálogo sistemático:

1. Contracepção e mulheres : Promoção da saúde
613.94082
2. Mulheres e contracepção : Promoção da saúde
613.94082

Editor
Antonio Cestaro

Pesquisa e redação
Elaine Rodrigues

Coordenação de produção
Rodrigo San Martin

Assistente de produção
Verônica Kimura Sassaki

Revisão
Joana M. M. Garcia

Ilustrações
Orlando

Alaúde Editorial Ltda.
R. São Paulino, 221 - Cep 04019-040 - São Paulo - SP
Telefax: (11) 5572-9474 / 5579-6757
alaude@alaude.com.br
www.alaude.com.br

Sumário

Introdução 7

1. Primeiras tentativas para a contracepção 9
   A pílula e suas origens 11
   Histórias sobre a primeira camisinha 12
   Qual o tamanho do seu pênis, senhor? P, M, G ou GG? ...16
   A lenda do médico fantasma 17
   Um molde interessante para o diafragma 18
   Espermicida "azedinho" como o limão 18

2. Atrasando a cegonha 19
   Por que o planejamento familiar é importante? 20
   A contracepção na América Latina 21
   Uso de pílulas anticoncepcionais na América Latina 22

3. Gravidez na adolescência 25
   Persistindo no erro 26
   O que pode favorecer a gravidez não planejada 27
   Brincando de sexo 28
   Breve histórico da gravidez na adolescência em outros países ...29
   O papel da família 31
   Curiosidades sobre namoro e sexo ao longo dos anos 32

4. A história e a evolução dos contraceptivos 35
   Como tudo começou 37
   Tomar pílula não é pecado, meu Deus! 38
   Abaixo as altas dosagens 39
   A tendência das pílulas mais modernas 40

  E o que fazer para não esquecer de tomar a pílula?..........41
  As novas formas de contracepção..............42
  O adesivo contraceptivo......................43
  Breve retrospectiva..........................44

5. Todos os métodos anticoncepcionais....................47
  Métodos naturais............................47
  Métodos de barreira.........................49
  Métodos hormonais..........................51
  Métodos definitivos.........................54

Conclusão..57

Bibliografia..60

Introdução

A EVOLUÇÃO DA PÍLULA ATRAVÉS DOS TEMPOS

Ao longo dos anos, mulheres de todo o mundo experimentaram as mais diversas e curiosas formas de contracepção. Com o decorrer do tempo, as pessoas e as coisas evoluíram gradativamente, e para melhor. As constantes pesquisas aliadas ao avanço da tecnologia na medicina e à bioquímica trouxeram inovações, alterando não só a quantidade e o componente em determinado método anticoncepcional, mas, criando novas alternativas de pílulas com baixas dosagens de hormônios e menos efeitos colaterais.

Começaremos este livro apresentando o espiral das pílulas e métodos contraceptivos. Para entender um pouco mais dessa evolução, será preciso voltar no tempo, desde os seus primórdios e ver como surgiram, quais foram os grandes pesquisadores e gênios nas descobertas deste universo.

Na seqüência, trataremos sobre a liberdade de escolha das mulheres atuais, a importância do planejamento familiar e o grave problema da gravidez na adolescência.

O livro termina com um estudo sobre as linhas da evolução dos métodos contraceptivos através dos tempos e incentiva as mulheres a decidir, da maneira mais apropriada, por aquele método que julgar ideal na seara da contracepção dentro dos conceitos: segurança, eficácia e praticidade.

Elaine Rodrigues
Jornalista

Capítulo 1

PRIMEIRAS TENTATIVAS PARA A CONTRACEPÇÃO

A anticoncepção tem uma história muito antiga. Desde os tempos em que o homem associou a relação sexual à maternidade que ele vem tentando "driblar" a natureza, relacionando o ato sexual somente ao prazer.

Hipócrates, considerado o pai da medicina da Antigüidade grega, especializou-se em reconhecer as propriedades das plantas medicinais. Sabiamente descobriu que a semente da cenoura selvagem era capaz de prevenir a gravidez. Na mesma época, o filósofo grego *Aristóteles* mencionou a utilização da erva medicinal *Mentha Pulegium* como mais uma opção contraceptiva.

Curiosamente, no século I, a anticoncepção masculina já era praticada. Tão logo foi estabelecida a relação do sêmen com a gravidez, *Dioscórides*[1] ponderou que tomar extratos de uma planta considerada variação da madressilva[2], durante 36 dias, causava a esterilidade masculina.

No século II, os contraceptivos feitos de plantas naturais já haviam despontado na região do Mediterrâneo; tanto que *Políbio*[3] escreveu que as famílias gregas estavam reduzindo o número de filhos. No antigo Egito não foi diferente; como forma de prevenção, as mulheres usavam tampões vaginais feitos de fezes de crocodilo, linho e folhas comprimidas; o difícil mesmo era suportar o odor da mistura.

1- *Dioscórides:* médico e cirurgião grego que ficou conhecido no século V como "fundador da Matéria Médica". À sua obra atribui-se a descrição de 600 plantas provenientes da Ásia, Grécia, Egito e Itália, que foi a base para a medicina curativa dos 18 séculos seguintes.
2- *Madressilva:* planta de origem européia muito utilizada para decorar jardins.
3 - *Políbio:* grande historiador da Grécia antiga.

O papiro egípcio de *Petri*, datado de 1850 a. C. é a primeira prescrição médica que se tem registro. Para evitar a gravidez, as mulheres tinham de aplicar na vagina uma mistura de mel e bicarbonato de sódio, para impedir a passagem do esperma. Tal receita parecia ter sido escrita por um bruxo medieval.

Os povos antigos abusavam da criatividade na tentativa de burlar as leis orgânicas para conseguir o prazer sem responsabilidades. Na verdade, as sugestões egípcias e hebraicas eram justificáveis; as fezes de crocodilo alteravam o pH vaginal e dificultavam o caminho do espermatozóide até o óvulo. Das idéias hebraicas, muitas ainda são usadas nos dias de hoje, o preservativo é uma delas.

A pílula e suas origens

Em 1921, o médico e pesquisador *Harberlandt* provocou a infertilidade temporária em coelhas, nas quais implantou ovários retirados de outras coelhas. Ele sugeriu que os extratos de ovários poderiam ser anticoncepcionais eficientes. Na década de 30, um químico americano, *Russel Marker*, descobriu uma substância esteróide eficiente no alívio das cólicas menstruais. Nesse mesmo período, as pesquisas também apontaram que o hormônio feminino progesterona apresentava indícios de ser um anticoncepcional. Dez anos mais tarde, *Marker* produziu o primeiro comprimido de progesterona sintética feito de raiz de batata-doce mexicana.

Os investigadores em reprodução humana, *Gregory Goodwin Pincus*, biólogo norte-americano, e *Min Chueh Chang*, um cientista chinês, fizeram experiências laboratoriais que comprovaram que a progesterona inibia a ovulação nas coelhas. Depois desse episódio, os "Sherlocks Holmes" *Pincus* e *Chang* começaram seus estudos clínicos em mulheres e, com o tempo, as experiências passaram a incluir estrogênios para regular o ciclo menstrual. O avanço definitivo aconteceu em meados de 1954, resultando no nascimento da pílula anticoncepcional. Sua descoberta deu-se após sucessivas conquistas da medicina.

Histórias sobre a primeira camisinha

Não se sabe muito bem quando o preservativo começou a ser utilizado. Segundo a lenda grega, em 1.600 a. C., uma amante de Minos[4], rei da Ilha Creta, na Grécia, teria utilizado uma vesícula de cabra na vagina para proteger-se do sêmen venenoso do rapaz. A história conta que o esperma continha serpentes e escorpiões e, por isso, machucava as mulheres com quem ele mantinha relações sexuais.

Os chineses foram outros desbravadores que, com sua sabedoria milenar, criaram capas de papel de seda, embebidas em óleo. Os egíp-

---

4 - *Minos:* segundo a mitologia grega, *Poseidon*, deus do mar, enviou a *Minos*, rei de Creta, um touro branco que deveria ser sacrificado em sua honra. Deslumbrado com a beleza do animal, o monarca guardou-o para si. Em represália, *Poseidon* despertou na rainha *Pasífae* uma doentia paixão pelo animal. Da união, nasceu o *Minotauro*, ser monstruoso com corpo de homem e cabeça de touro.

cios também conheciam o método, pois algumas tumbas no templo de *Karnak*[5] representam um egípcio com a ponta de um preservativo.

Na Idade Média, os turcos apareceram com um outro tipo de capa para o pênis, feito de intestino de carneiro. No Oriente Médio há registros de camisinhas confeccionadas com esse mesmo material. Muitos anos depois, a contracepção encontrou a alquimia[6] com uma série de poções especiais criadas de misturas medonhas, como urina de cordeiro, pó de testículos de touros torrados e outras receitas dignas de revirar o estômago.

5 - *Karnak:* o conjunto denominado *al-Karnak* pelos árabes e *Ipe Isut* pelos antigos egípcios desenvolveu-se, a partir do Império Médio, no decurso de 2.000 anos. Trata-se de um conjunto religioso e civil muito importante e compósito, residência do rei dos reis *Ámon-Ra* e de todos os faraós do início do Império Novo em diante. Hoje, as suas ruínas cobrem uma área de dois hectares. Estava dividido em três zonas, consagradas aos membros da Tríade de Tebas, Ámon, Mut e Khonsu.
6 - *Alquimia:* simboliza tudo o que o homem pode aspirar a atingir em seu presente estado. Remetem à Idade do Ouro da tradição indo-européia, presente tanto nos escritos platônicos quanto na tradição da Índia Antiga.

Uma das referências mais confiáveis publicada em 1564 vem do médico-cirurgião e anatomista *Gabriel Fallopius*, italiano, nascido em Modena e professor da Universidade de Pádua. Ele é o responsável pela invenção da bainha de tecido leve e sob medida, para a proteção das doenças venéreas; em outras palavras, a camisinha.

No ano de 1750, a França proibiu o uso das chamadas "sobrecasacas inglesas", mais conhecidas como camisinhas. Um certo *monsieur*[7] chegou a ser expulso do país depois de cumprir sete anos de prisão - o crime: foi pego com uma valise contendo 28 preservativos. O curioso era a rivalidade entre os franceses e ingleses daquela época: na opinião dos franceses, usar preservativo era considerado uma frescura. Ofendidos pelo descaso dos vizinhos[8], os in-

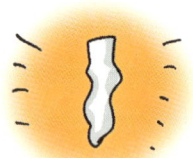

---
7 - *Monsieur:* o mesmo que caixeiro-viajante, aventureiro.
8 - *Vizinhos:* a França é um país muito próximo da Inglaterra. É uma viagem curta, de 350 quilômetros sobre o Canal da Mancha.

gleses rebateram criando a expressão *french disease* (doença francesa) para se referirem às doenças venéreas.

Quem mais se mostrou contra ao uso do preservativo foi o grande sedutor *Casanova*, pois lhe repugnava a idéia de "vestir" a pele de um morto[9] para provar que estava vivo. As más línguas diriam que esses preservativos não seriam de todo mal para o moço, que poderia ter evitado suas 11 crises de sífilis[10].

9 - *Morto:* os preservativos daquela época eram confeccionados com a vesícula de certos animais como o carneiro (morto, é claro).
10 - *Sífilis:* doença venérea que pode ser contraída através da relação sexual; mãe para filho durante a gestação; contato direto com a ferida; transfusão de sangue contaminado. Podem surgir feridas que não doem, coçam ou ardem, duas ou três semanas após a relação com o parceiro doente; mesmo sem tratamento elas desaparecem sem deixar cicatrizes. Se a doença não for tratada nessa fase primária, alguns meses mais tarde, manchas vermelhas invadem a pele, há mal-estar geral, febre e ínguas. Na fase terciária, que pode levar alguns anos para manifestar-se, causa, na pele, tumores de consistência mole que eliminam uma secreção amarelada e espessa ao se romperem. Quando não tratada de forma adequada, a sífilis evolui silenciosamente, passando por essas três fases distintas que podem acarretar doenças mentais, paralisias e morte. Durante a gravidez, ocasiona a morte do feto ou seqüelas como: retardo mental, problemas de pele, distúrbios nos ossos, nos olhos e até mesmo no cérebro.

Qual o tamanho do seu pênis, senhor? P, M, G ou GG?

Com a Revolução Francesa, o governo de Paris legalizou a venda e a utilização da camisinha. Os vendedores precisavam, acima de tudo, ter olho clínico para não errar no tamanho do membro do cliente. Observavam discretamente, a fim de detectar qual tamanho de preservativo seria mais adequado. Bizarro!

A lenda do médico fantasma

O nome *Condom* surgiu depois das afirmações do médico alemão *Xavier Swediaur*, que teria publicado um texto, onde citava o "tal" *Dr. Condom*, um médico inglês do século XVII, responsável pela criação de um protetor feito com tripa de animais, desenvolvido exclusivamente para o rei Carlos II, da Inglaterra, que tinha um número avassalador de filhos ilegítimos.

O preservativo passava pelo seguinte processo de fabricação: era lavado, seco e depois amaciado com as mãos besuntadas em óleo de amêndoas. *Condom* seria uma transcrição do verbo latino *condere*, que significa esconder ou proteger. Em inglês, a palavra que designa camisinha é *condom*, pela referência ao médico. Como profissional prestigiado e especialista em doenças venéreas, não houve quem questionasse as afirmações do *Dr. Swediaur*. No entanto, uma dúvida não se calou: será que o *Dr. Condom* realmente existiu?

Um molde interessante para o diafragma

A idéia do diafragma moderno foi de um alemão, *Friedrich Adolf Wild*, quando sugeriu que fosse feita a impressão de cera do cérvix[11] de cada mulher. A partir desse molde seria confeccionada uma barreira contraceptiva de borracha. No entanto, somente em 1870, o *Dr. Mesinga* desenvolveu o diafragma de borracha fina com um aro circular endurecido para cobrir a saída da vagina.

Espermicida "azedinho" como o limão

Acredita-se que o sedutor italiano *Casanova* (1725-1798) tenha utilizado o limão como um método contraceptivo. Ele pedia para que suas amantes inserissem a metade de um limão dentro da vagina, pois esse servia como um espermicida.

11- *Cérvix:* o colo uterino

Capítulo 2

ATRASANDO A CEGONHA

A ciência evoluiu para fazer com que várias mulheres tivessem a oportunidade de gerar seus bebês, escolhendo sua hora de chegada. Tudo isso, graças aos métodos contraceptivos, que com a ajuda da tecnologia tiveram muitas inovações e progressos. Hoje, as mulheres não escolhem somente o momento certo para engravidar mas, decidem também a maneira e por quanto tempo pretendem usar um anticoncepcional.

Em grande escala, os métodos anticoncepcionais permitiram às mulheres e aos homens a liberdade quanto ao sexo, sem preocupação com gravidez e o terrível fantasma das fraldas e mamadeiras nove meses depois; ou seja, foram os responsáveis pelo início de uma nova fase: a da sexualidade independente, saudável e com seriedade.

Dr. José Bento

Por que o planejamento familiar é importante?

Quando a mulher planeja ter um filho de forma consciente e madura, na verdade, ela está decidindo como deseja passar boa parte de sua vida, ou seja, se irá continuar os estudos, se pretende voltar ao trabalho, se quer dar mais atenção ao filho e ao parceiro, entre muitos outros aspectos. A maternidade é uma experiência maravilhosa, mas que deve ser vivida com responsabilidade.

Nos países onde o uso de anticoncepcionais é maior do que a média, os períodos de reprodução das mulheres começam mais tarde e terminam mais cedo. Elas, por sua vez, têm mais independência e passam menos tempo cuidando de crianças.

Controlar o momento certo de ficar grávida não garante novas oportunidades às mulheres, mas, permite que elas tirem proveito dessas situações e possam ir atrás de seus ideais. Infelizmente, há também aquelas que não usam nenhum tipo de contraceptivo e praticam ilegalmente o aborto.

Já nos países em desenvolvimento, a falta de cultura e a pobreza limitam, quase sempre, as opções e as chances tanto para homens quanto para as mulheres. Por ironia, mesmo em dias modernos e abastecido de alternativas, nesses países, muitas mulheres não têm acesso a cuidados adequados em relação à própria saúde, nem condições financeiras e psicológicas para cuidar do seu corpo.

A contracepção na América Latina

Apesar das políticas de educação e de orientação familiar implementada pelos governos, o uso de métodos anticoncepcionais na América Latina continua sendo muito inferior ao observado nos países desenvolvidos, que vão além de suas próprias necessidades demográficas. Somente 52% das mulheres latino-americanas em idade fértil utilizam métodos contraceptivos (número inferior às médias analisadas nos Estados Unidos e Europa). Os fatores sociais e culturais aliados à falta de orientação e conhecimento parece sustentar estes números.

Uso de pílulas anticoncepcionais na América Latina

Uruguai	17,87%
Chile	16,61%
Venezuela	13,85%
BRASIL	13,72%
Argentina	11,35%
Colômbia	7,84%
Peru	4,90%
México	3,93%
Guatemala	2,93%
Equador	2,49%
Bolívia	0,70%

Fonte: Revista *Sexo & Saúde*/2001

O alto número de partos entre jovens de 15 a 19 anos é outro aspecto que tem chamado a atenção. Como já foi mencionado no capítulo anterior, um número elevado de gestações não planejadas ocorre na América Latina pela falta de uso ou pelo uso inadequado desses métodos anticoncepcionais modernos. Infelizmente, muitos casos acabam em abortos, que são praticados de forma ilegal em clínicas clandestinas e sem a menor condição de higiene. As mulheres, incluindo as adolescentes, correm sérios riscos de ficar estéreis e, o que é ainda pior, há casos de perfuração no útero e morte. Na maioria dos países o aborto é ilegal; no entanto, estima-se que são feitas no Brasil mais de 1 milhão de interrupções provocadas.

É bom saber que antes dos 18 anos não é aconselhável ter filhos por causa da imaturidade física e psíquica. Depois dos 35 anos, a gravidez faz com que a mulher corra riscos maiores, como as alterações genéticas do recém-nascido entre outros fatores. Isto se dá porque, quando nasce, a mulher já tem todas as suas células reprodutoras e, ela não renova seu estoque de óvulos; ou seja, os óvulos têm a mesma idade da mulher e envelhecem com ela, sofrendo todo o tipo de agressão externa como as irradiações, sedentarismo, fumo entre outros.

A boa notícia é que, com os estudos e o progresso da ciência médica, os problemas da gravidez em idade mais avançada reduziram muito, tanto para a mãe como para o bebê.

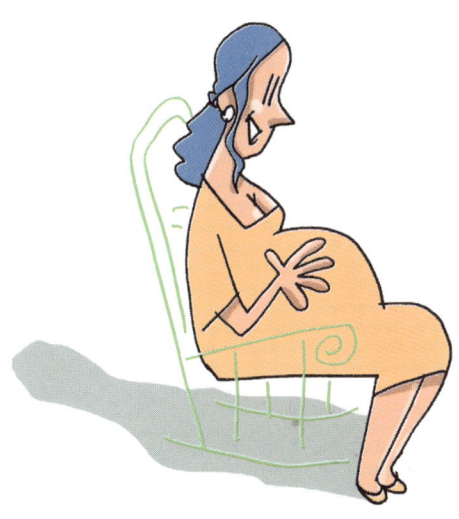

Capítulo 3

GRAVIDEZ NA ADOLESCÊNCIA

Atualmente, fala-se muito de gravidez na adolescência e as estatísticas comprovam que o número de meninas gestantes toma proporções cada vez maiores e assustadoras. Pais, educadores e médicos estão cada vez mais preocupados, e não é por menos: o número de adolescentes grávidas cresceu 150% em relação às duas últimas décadas. Somente no Brasil temos mais de 36 milhões de jovens e, desse número, um milhão de meninas adolescentes dão à luz anualmente; um terço de todos os nascimentos em nosso país, segundo o Ministério da Saúde. Fazendo as contas: entre os anos de 2000 e 2001 foram mais de 700 mil partos do Serviço Único de Saúde (SUS), e mais de 300 mil da rede privada. Uma, entre cada cinco jovens com idade de 15 a 19 anos, já teve filho; sem falar daquelas que praticaram aborto. Só em 2001, 35% do total de partos realizados pela rede pública de saúde foram de adolescentes grávidas. Entretanto, isso já não é novidade, e sim um dado repetitivo; e este quadro não é privilégio do Brasil, mas sim uma preocupação mundial.

Persistindo no erro

Os anos passam e as adolescentes brasileiras continuam "pisando na bola". A primeira gravidez não vem acompanhada de um aprendizado, nem implica uma mudança de comportamento e, geralmente, a menina volta a engravidar. Aproximadamente 40% das adolescentes que tiveram uma gestação voltam a engravidar em um curto espaço de tempo; o índice praticamente dobrou nos últimos 10 anos. Se a idéia de que "isso não vai acontecer comigo", típica da adolescência, faz com que essas garotas tenham uma gravidez indesejada, o pensamento do tipo "não é possível que isso vá acontecer de novo" leva essas mesmas garotas a uma segunda gestação. Falta de informação? Não. Segundo pesquisa do Centro de Atenção Integral à Saúde da Mulher (Caism), da Unicamp, 99,4% das gestantes entre 11 e 19 anos conheciam a camisinha e 98% delas conheciam também a pílula anticoncepcional; mas só conheciam, não usavam!

Um estudo do Programa de Saúde do Adolescente revelou que aproximadamente 28% dos casos de gravidez precoce ocorrem nos três primeiros meses de namoro, depois do início da atividade sexual, ou seja, a garota mal teve sua primeira transa e já se vê prestes a ter um bebê. São muitas as causas da gravidez precoce e o fato ocorre em todas as classes; curiosamente tem ocorrido um crescimento gradual na classe média, na qual há mais casos de abortos induzidos.

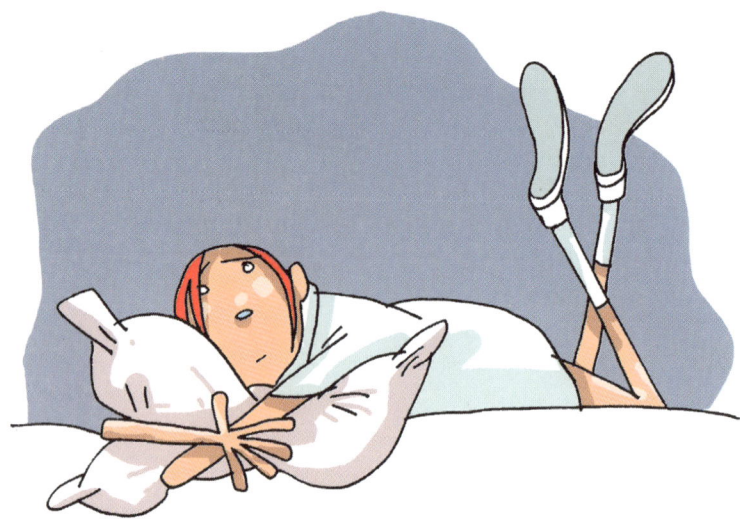

O que pode favorecer a gravidez não planejada

☹ Desprezo ao uso de métodos contraceptivos
☹ Falta de orientação sexual
☹ Abandono ou rejeição dos pais
☹ Estar sob o efeito de drogas ou bebidas alcoólicas
☹ Estupro ou abuso sexual
☹ Influência de amigas
☹ Influência de modelos exibidos pela mídia
☹ Influência do ambiente familiar, onde os costumes são promíscuos
☹ Falta de recursos para adquirir métodos anticoncepcionais
☹ Usar a gravidez como pretexto para prender o namorado
☹ Livrar-se da casa dos pais e casar-se com o namorado
☹ Chamar a atenção sobre si mesma
☹ Carência afetiva
☹ Desejo de buscar independência
☹ Baixa auto-estima

A falta de perspectiva de vida também é uma das principais causas apontadas na gravidez fora de hora. Um terço da população é formado por jovens e a questão econômica é crucial. Quando a menina tem laços frágeis com a escola e poucas chances de colocação no mercado de trabalho, o que é típico da classe média baixa, resta a ela ser mãe.

Brincando de sexo

O Governo Federal e o Instituto Brasileiro de Geografia e Estatística (IBGE), reconheceram, ao incluir recentemente crianças de 10 anos no questionário sobre fecundidade, que as meninas deixaram as bonecas para brincar de sexo. Há quatro anos, as perguntas eram feitas apenas às adolescentes de, no mínimo, 15 anos.

O que leva essas jovens a optar por essa saída? Uma pesquisa feita com 1.670 meninas adolescentes em agosto de 2001 apontou que 53% das entrevistadas acreditam que muitas jovens engravidam porque preferem ceder aos caprichos do namorado; em segundo lugar, 23% dizem que a falta de diálogo com os pais é um dos motivos mais sérios. Veja o gráfico das respostas:

Por falta de informação
▇ 10% (169)

Falta de diálogo com os pais
▇▇ 23% (388)

A política de educação sexual no Brasil é fraca
▇ 5% (79)

Por problemas emocionais e sociais
▇ 9% (142)

Para ceder aos caprichos do namorado
▇▇▇▇▇ 53% (892)

Fonte: Site *Igirl*/Agosto 2001

Breve histórico da gravidez na adolescência em outros países

⇒ O governo britânico desenvolveu várias medidas preventivas para controlar a gravidez na adolescência. A mais original foi a criação de um bebê: Charlotte é uma boneca que simula o real comportamento de uma criança de três meses e serve na orientação e desenvolvimento pessoal das adolescentes inglesas. Esse *virtual baby*, como é chamado em Londres, mexe os olhinhos, grita e emite sons parecidos aos de um bebê de verdade, serve como uma ferramenta útil nas escolas, pois as garotas "sentem na pele" o drama e a responsabilidade de cuidar de um recém-nascido, ao levá-lo emprestado para casa. A cidade de Wansbeck tem a segunda taxa mais elevada em adolescentes grávidas no Reino Unido.

⇒ Nos Estados Unidos, o número de jovens grávidas tem estatísticas parecidas com as do Brasil e de outros países menos desenvolvidos. Um milhão de adolescentes engravidam por ano nos EUA. Na época do ex-presidente Bill Clinton foi criado um pacote com medidas imediatas para combater o problema; foram gastos cerca de 400 milhões de dólares em programas de educação sexual. O governo também investiu na formação profissional das garotas com o intuito de romper o ciclo de pobreza.

⇒ Na América Latina, calcula-se que chega a mais de 25 milhões o número de meninas adolescentes que tiveram pelo menos um filho.

⇒ Portugal é o segundo país da União Européia com mais casos de gravidez na adolescência.

A gravidez na adolescência, em si, merece cuidados específicos e diferentes daqueles destinados às mulheres adultas. As adolescentes grávidas apresentam características e singularidades que podem deixá-las mais vulneráveis. A particularidade da adolescente tem que ser contemplada em todas as propostas de atenção à saúde. A Organização Mundial de Saúde (OMS) define a gravidez adolescente como de alto risco, sempre, mas se forem cuidadas podem ter todas as chances de uma gestação normal.

O cuidado de pré-natal específico diminui as chances de uma gravidez de risco; tanto que, atualmente, postula-se que o risco seja mais social que biológico, pois a gravidez na adolescência gera consequências tardias e a longo prazo tanto para a adolescente como para o bebê.

Para quem faz uso de drogas, um recado muito sério: as drogas podem alterar o fluxo da placenta, provocando aborto ou um parto de baixo peso e com uma saúde fragilizada.

O papel da família

A saúde mental da família é a chave para o bom desenvolvimento emocional, pessoal, afetivo e profissional dos filhos. É fundamental que nas relações entre pais e filhos cultive-se e preserve o lado saudável, plantando sempre o amor, o respeito mútuo, o diálogo e a compreensão. Os jovens, em especial as meninas adolescentes, precisam sentir-se amadas, respeitadas e, acima de tudo, compreendidas por aqueles que são a sua referência no mundo: os pais ou os responsáveis por elas.

Pais, um aviso: se acontecer a gravidez, procure entender os motivos, por mais que pareçam inaceitáveis e absurdos; brigar, bater ou expulsar de casa só irá piorar as coisas para todos. Procure dar amor, pois este é o melhor remédio para resolver qualquer problema.

Um bom conselho

Meninas: mais de um terço das 20 milhões de adolescentes brasileiras experimenta o sexo antes dos 19 anos. Valorize-se em primeiro lugar! Seja um exemplo a ser seguido e não apenas mais uma. Tente conversar com seus pais sobre sexualidade, quando houverem bloqueios. Seja sincera. Não tenha medo de expor suas dúvidas, grilos e angústias. Torne-se motivo de orgulho pela sua coragem, cautela e inteligência ao cuidar de seu corpo e de sua mente. Sinta-se vencedora. Espere a sua hora. Não apresse o destino. Curta a sua adolescência da melhor forma possível. Você irá descobrir que é possível ser muito feliz, mesmo em meio a tanta turbulência.

Curiosidades sobre namoro e sexo ao longo dos anos

Anos 50
"Menina de família" só namorava no portão. O casal podia, no máximo, ficar sentado no sofá da sala, sob a vigilância dos pais da menina. Beijo na boca? Só no cinema.

Anos 60
Surgiu a pílula anticoncepcional. As mulheres adultas podiam transar sem dramas. Já as garotas tinham uma educação repressora. Afinal, os pais desejavam que suas filhas se casassem virgens.

Anos 70
Depois das brigas, vieram as conquistas: as meninas podiam chegar mais tarde. Alguns ginecologistas resistiam em receitar pílulas para adolescentes. Os médicos temiam que as pílulas fizessem mal às adolescentes por causa das dosagens muito altas.

Anos 80
Pouco a pouco, as adolescentes ganharam maior liberdade sexual. No entanto, a partir do final da década, a Aids trouxe mudanças. A camisinha tornou-se indispensável. A fidelidade ganhou um sentido extra de cuidado com o outro. O casamento, com direito a igreja e festa, voltou com tudo.

Anos 90

As meninas estão mais evoluídas; procuram o ginecologista e acham normal quando a mãe sugere uma visitinha ao médico depois da primeira menstruação. Além dos namorados terem liberdade para dormir na casa das namoradas e vice-versa, a camisinha pode ser encontrada na bolsa das meninas sem mais constrangimentos.

Anos 2000

Falar de sexo já não é novidade. As meninas têm muita informação sobre os métodos anticoncepcionais e têm a liberdade de escolher o seu predileto. Podem expor suas dúvidas com o médico, amigas e, em alguns casos, com a própria mãe. Há aquelas mais independentes que vão morar com o namorado. Algumas famílias permitem a cama de casal no quarto da filha ou do filho.
Infelizmente, aumenta também o número de adolescentes grávidas ou contaminadas por alguma doença sexualmente transmissível.
O que está por vir?

Capítulo 4

A HISTÓRIA E A EVOLUÇÃO DOS CONTRACEPTIVOS

"You know my methods, use them" – Você conhece meus métodos, use-os.
Sherlock Holmes

O movimento feminista que surgiu na década de 1960 fez eco às reivindicações das mulheres que estavam insatisfeitas com o seu papel social, que se restringia ao casamento e à maternidade. O desejo de ter maior atividade social e mais espaço no mercado de trabalho fez com que muitas mulheres se rebelassem, reclamando pelo seu direito de fazer sexo também por prazer, e não exclusivamente para a procriação.

O resultado dessa luta não podia ser diferente: em menos de uma década, a pílula era o método anticoncepcional mais popular nos Estados Unidos. Desenvolvida pelos cientistas americanos, *Gregory Pincus* e *John Rock*, a pílula anticoncepcional polemizou os anos 60. Sua invenção teve enorme impacto social, provocando, em pouco tempo, uma revolução de costumes e de comportamento sexual de homens e mulheres; mas resistiu, atravessou fronteiras e chegou ao mercado. Além disso, a igreja católica ortodoxa condenava o uso de contraceptivos; era considerado pecado interromper o nascimento de um ser.

Com a chegada da pílula, as mulheres foram libertadas da obrigação da gravidez indesejada e assim, passaram a buscar livremente o prazer sexual. As palavras de ordem passaram a ser: "o corpo é nosso". Assim, os casais optavam pelos fantásticos comprimidos que não bloqueavam o prazer.

Nesse período, a camisinha viveu praticamente isolada e escondida nas prateleiras das farmácias; seu uso ficou restrito para casos de infecção das doenças sexualmente transmissíveis.

Como tudo começou...

A descoberta da pílula contraceptiva foi um acontecimento histórico e marcante. Numa reunião da *International Parenthood Federation*[12], o doutor *Gregory Pincus* apresentou o resultado dos seus estudos com compostos progestativos em coelhas. Nessa mesma época, o comprimido foi testado com sucesso em seis mil mulheres de Porto Rico e Haiti. O *Food And Drug Administration* (FDA), organismo americano que determina quais alimentos e medicamentos podem ser comercializados, aprovou a utilização da pílula nos Estados Unidos ainda na década de 60.

Na ocasião, o doutor *Pincus* levou o título de "o pai da pílula" por ter realizado a maioria dos estudos com os primeiros Contraceptivos Orais Combinados, também conhecidos como COCs.

---

12 - *International Parenthood Federation:* liga de associações autônomas nacionais do planejamento de família dentro de 180 países. É a maior organização voluntária que existe no mundo, e seu foco é o planejamento de família, saúde sexual e reprodução.

Tomar pílula não é pecado, meu Deus!

Voltando ao caso da condenação pela igreja, o médico John Rock bem que tentou burlar a Igreja Católica alegando que a pílula era um método natural de contracepção. Por ser muito religioso, justificava que o objetivo de se colocar 21 comprimidos em uma cartela de pílula era fazer com que a mulher tivesse uma perda de sangue mensal, tendo dessa forma, um ciclo menstrual natural. É claro que ele não conseguiu enganar o clero da época. A pílula foi condenada pela Igreja Católica, mas revolucionou o comportamento sexual de casais no mundo inteiro. Na verdade, foi este de fato o maior objetivo das pílulas: fazer com que a mulher sangre mensalmente, o que se repete até os dias de hoje.

Abaixo as altas dosagens

Uma das primeiras pílulas desenvolvidas para a contracepção foi a *Enovid-R*, que provocava enjôos e problemas gástricos nas mulheres e continha uma dosagem muito alta de hormônios: cerca de 5 mil microgramas de progesterona e 150 microgramas de estrogênio, um percentual altíssimo em relação às dosagens encontradas nas pílulas atuais. Depois dessa invenção, muitos laboratórios começaram a lançar pílulas com dosagens um pouco mais baixas. Entretanto, até chegar nesse patamar, muitas mulheres da década de 70 tiveram de sofrer com os efeitos colaterais fortíssimos, como dores de cabeça, mal-estar, náuseas, dores no estômago, todos causados pelas pílulas com alta dosagem de hormônios.

A suposta liberdade e segurança garantida pelas pílulas anticoncepcionais não eram e não são, nem de longe, unanimidade entre as mulheres. A idéia de ter um medicamento que controle o corpo e interfira no funcionamento do organismo não agrada a maioria das mulheres. Outra questão apontada como "uma grande chatice" pelas usuárias é o da obrigatoriedade de tomar o comprimido diariamente e, de preferência, no mesmo horário; essa disciplina requerida para garantir a eficácia da pílula lembra muito uma prisão.

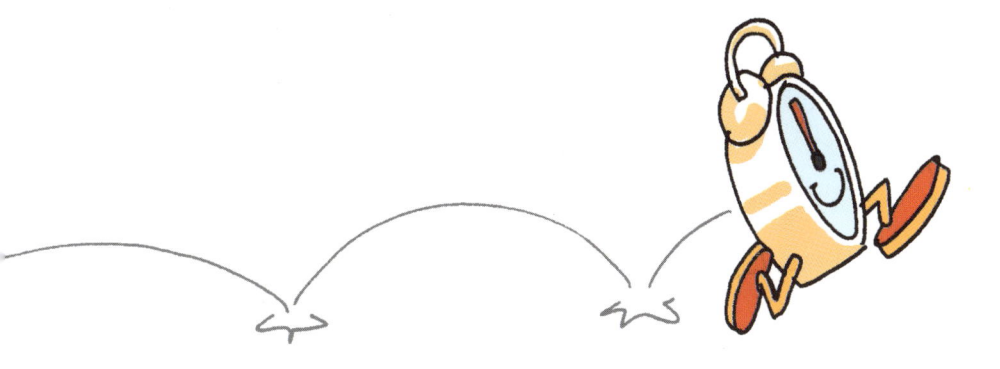

Normalmente, a mulher adapta-se ao remédio, mas o uso diário com horário marcado no relógio tem de fazer parte da sua vida. Ela não pode esquecer; não tem esse direito, porque se o fizer, está fadada a uma conseqüência indesejada e irreversível, na maioria das vezes.

A tendência das pílulas mais modernas

Com o progresso contínuo dos estudos, a tendência nos últimos anos tem sido a diminuição na quantidade do estrogênio (hormônio feminino) e a procura de novos progestagênios, que agregam mais benefícios e menos efeitos colaterais. Atualmente, além de muitos outros métodos contraceptivos, é possível encontrar pílulas de baixa dosagem hormonal; aliás, um dos principais avanços da medicina e na história da pílula, nestes quase 50 anos, está relacionado à dosagem de estrogênio.

Hoje, uma cartela inteira de pílulas tem quase a mesma quantidade de hormônios que tinha apenas um comprimido, na metade do século passado. Além disso, foram desenvolvidos também novos tipos de progestagênios, hormônios que compõem as pílulas de última geração com menos efeitos colaterais.

E o que fazer para não esquecer de tomar a pílula?

Um dos agravantes da pílula, além dos efeitos colaterais já mencionados e o aumento de peso, é o esquecimento de tomar o comprimido diariamente. Cerca de 50% das mulheres que fazem uso desse tipo de anticoncepcional esquecem-se de tomar pelo menos uma pílula por cartela.

Os injetáveis hormonais foram desenvolvidos com o objetivo de se evitar esse fato, pois é feita uma única dosagem mensal, e os hormônios são liberados gradativamente no organismo. Contudo, para muitas usuárias, tomar a injeção soa como algo desagradável e doloroso, sem falar da falta de praticidade, já que, obrigatoriamente, ela tem de ir à farmácia uma vez por mês ou a cada trimestre, para receber a aplicação.

As novas formas de contracepção

A pílula ainda é o método mais aceito e popular entre as mulheres. No entanto, outras alternativas têm surgido no mercado, apresentando uma melhor substância e baixa dosagem, como os implantes hormonais subcutâneos inseridos na pele e que protegem da gravidez, podendo durar até cinco anos (com o tempo de uso, esse método tende a suspender a menstruação).

O anel vaginal, como o próprio nome sugere, tem a forma de um anel. É outro novo método contraceptivo colocado no interior da vagina, onde libera hormônios de forma contínua no corpo todo, ou localmente. A mulher deve usar o anel por três semanas, e ela mesma pode trocá-lo sem precisar da ajuda do médico.

O adesivo contraceptivo

Uma nova alternativa na seara da contracepção para mulheres que prezam pela praticidade aliada ao conforto, segurança e eficácia é o adesivo contraceptivo. Fácil de ser aplicado, o adesivo deve ser trocado a cada sete dias, durante três semanas consecutivas, com uma pausa na quarta semana, quando ocorre a menstruação. O adesivo libera hormônios através da pele e não passa pelo estômago e nem pelo fígado. Outra vantagem do método é a tranqüilidade que ele proporciona em casos de esquecimento, pois o adesivo contraceptivo tem uma reserva de hormônios para até 48 horas, dando mais uma chance às mais esquecidas. Além disso, não provoca aumento de peso; uma boa notícia para quem se preocupa com o corpo e o organismo de um modo geral.

Dr. José Bento

Breve retrospectiva

A pílula que nasceu nos anos 60 é muito diferente da que se utiliza no ano 2000. Graças aos avanços científicos alcançados na medicina, hoje é possível encontrar anticoncepcionais em diversas formas. Estas descobertas trouxeram benefícios múltiplos para a saúde da mulher, bem como uma melhora na sua qualidade de vida.

Desde a civilização grega, a preocupação pelo bem-estar sexual, com direito a proteção contra as doenças venéreas e a prevenção da gravidez, faz parte da vida de homens e mulheres, que juntos batalharam pelo seu ideal. Merecem destaque médicos e estudiosos, pelas tentativas constantes na busca pela criação do melhor método contraceptivo, e as mulheres, pela luta pelos direitos iguais e pela liberdade de poder amar e ser amada com responsabilidade e sem neuras. Definitivamente, constata-se que o velho preservativo de guer-

Mulher e contracepção – Evolução e conquista

ra, a revolucionária pílula, o discreto DIU, o diafragma, as injeções e os espermicidas ganharam reforços no campo da contracepção com a entrada dos implantes, do anel vaginal e, mais recente, com a entrada do sofisticado adesivo contraceptivo.

As mulheres de hoje podem libertar-se do receio da gravidez fora de hora, optando pelo seu anticoncepcional predileto, em razão da sua independência, liberdade de escolha, bem-estar, praticidade, conforto, eficácia e segurança.

Capítulo 5

TODOS OS MÉTODOS ANTICONCEPCIONAIS

Métodos naturais

Tabelinha

Um método ultrapassado e pouco recomendável. Trata-se de um cálculo dos dias férteis da mulher, quando as chances de gravidez são maiores. Se o ciclo for regular, a ovulação acontece 14 dias antes da próxima menstruação. Assim, três dias antes e três dias depois da data da ovulação, a mulher está no período fértil. Por ser um método totalmente natural não protege das DSTs e não é seguro, pois, em muitas mulheres, o dia da ovulação pode variar a cada ciclo.

Coito interrompido

O homem retira o pênis da vagina antes de ejacular. Caso seja feito de modo correto, a eficiência é de aproximadamente 96%; mas não é um método confiável, pois, além do homem precisar ter muito autocontrole, alguns espermatozóides podem ser eliminados antes mesmo da ejaculação.

Métodos de barreira

Camisinha

Um preservativo, feito de látex ou poliuretano, envolve o pênis impedindo que o esperma seja depositado na vagina. Se usada corretamente, sua eficácia chega a 97%. A vantagem é que você não precisa de prescrição médica e também protege das DSTs e Aids. Se for usada inadequadamente pode romper-se e pode vazar se não for retirada da forma certa.

Camisinha feminina

É um invólucro poliuretano com dois anéis, um em cada extremidade. O anel interno deve ser colocado dentro da vagina; o externo fica três centímetros para fora da vagina, cobrindo os lábios vaginais. Recolhe o esperma e não deixa que ele entre em contato com o óvulo. Esse método protege contra as DSTs. Pode ser inserida até oito horas antes da relação, mas definitivamente, ela não é nada atraente. Pode sair do lugar durante a relação e, se não estiver bem lubrificada, pode fazer barulho.

Diafragma

Consiste numa "capinha" de borracha que deve ser colocada na parte mais profunda da vagina para cobrir a entrada do colo do útero e assim impedir a penetração dos espermatozóides. Geralmente é usado com espermicida. Pode ser inserido até seis horas antes da relação. É um método bastante utilizado pelas mulheres, porém não protege contra as DSTs.

DIU

O dispositivo intra-uterino (DIU) é feito de plástico e contém cobre ou progesterona. Tem a forma de um T e só pode ser inserido no útero pelo médico.

O DIU feito de cobre pode aumentar o fluxo menstrual. Se a mulher contrair uma doença venérea, aumentam os riscos dela ter uma inflamação pélvica ou infecção do útero e dos ovários, por exemplo; podendo evoluir para a esterilidade. Além disso, sua colocação pode ser um pouco dolorosa.

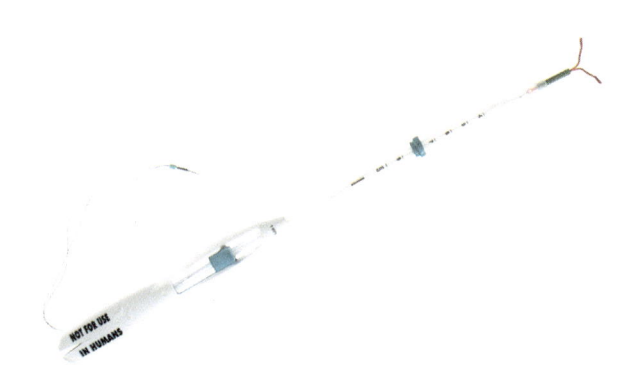

Espermicida

Trata-se de cremes, géis, espumas ou supositórios que se destinam ao uso na vagina. Agem sobre o esperma "matando" os espermatozóides. Deve ser usado como método complementar com a camisinha masculina, feminina ou diafragma. Funciona como lubrificante. Se usado sozinho não protege contra a maioria das DSTs e a Aids. Em algumas pessoas causa alergia e irritação.

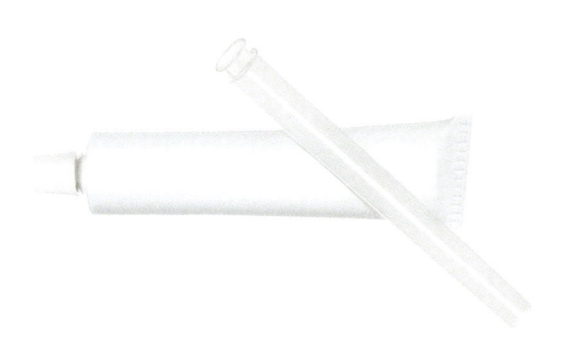

Métodos Hormonais

Pílula

Composta normalmente por dois hormônios, estrogênio e progestagênio, deve ser tomada diariamente em ciclos de 21 dias, com intervalo de descanso de sete dias. Os hormônios contidos no medicamento impedem a ovulação e previnem a gravidez. No entanto, para ser considerada um método seguro, precisa ser tomada todos os dias e, de preferência, no mesmo horário. Requer muita disciplina.

Injeção contraceptiva

Uma injeção de hormônio que impede a ovulação. Dependendo do tipo da injeção deve ser tomada todo mês ou trimestralmente. A injeção não previne contra Aids e DSTs e pode causar efeitos colaterais, como o ganho de peso e pequenas perdas de sangue no meio do ciclo.

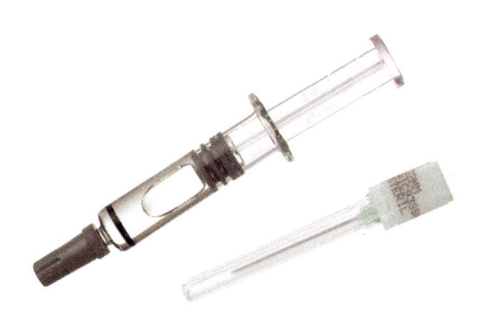

Implantes subcutâneos

Atualmente, são inseridos dois "filetes" no braço da mulher, ou em alguns casos, na virilha. Eles soltam pequenas doses de hormônio. O implante pode desregular os ciclos menstruais e causar outros efeitos colaterais como dores de cabeça, ganho de peso e acne. Algumas mulheres conseguem vê-lo debaixo da pele. Pode ser difícil de retirar.

Anel vaginal

Como o próprio nome sugere, ele tem a forma de um anel e é colocado no interior da vagina, onde também libera hormônios gradualmente no corpo todo ou local, no útero.

Pílula do dia seguinte

Esse método não pode ser usado diariamente. É chamado de contracepção de emergência, pois só deve recorrer-se a ele em casos especiais, quando o método usado normalmente falhar - por exemplo, uma camisinha estourar, situações drásticas como o estupro ou a mulher esquecer de tomar a pílula convencional. É um medicamento com alta dosagem hormonal e deve ser tomado até 72 horas depois da relação sexual, pois após esse período ele não funciona mais. Geralmente, apresenta muitos efeitos colaterais, entre eles os mais comuns são: náuseas, vômitos, fortes dores de cabeça, dor abdominal e tontura. O método desregula o equilíbrio hormonal do organismo, podendo interferir no ciclo menstrual.

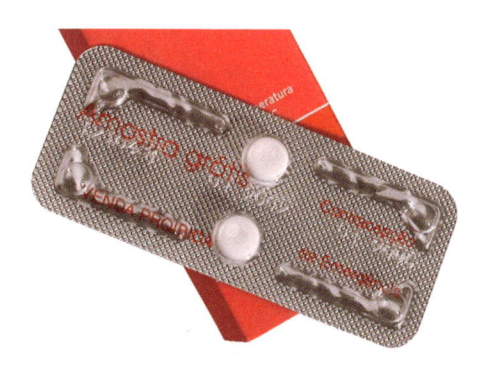

Adesivo contraceptivo

É um adesivo bege, fino e pode ser aplicado pela própria usuária. Pode ser fixado em várias partes do corpo da mulher, devendo ser trocado a cada sete dias, durante três semanas consecutivas, com uma pausa na quarta semana, quando ocorre a menstruação. Oferece a vantagem de não provocar ganho de peso.

Métodos definitivos

Vasectomia

Essa cirurgia bloqueia os tubos (ductos deferentes) que transportam os espermatozóides, impedindo que eles sejam expelidos pelo pênis. A operação é rápida e não apresenta efeitos colaterais. Apesar de a cirurgia de reversão ser possível, nem sempre é bem-sucedida. Quanto mais antiga a vasectomia, mais difícil será para revertê-la.

Ligadura das trompas

Uma cirurgia que interrompe as trompas de Falópio, impedindo que o espermatozóide fecunde o óvulo. É um método definitivo; e se a cirurgia não for bem-sucedida, pode haver a gravidez tubária (dentro da trompa). A reversão pode ser complicada e nem sempre é possível.

Conclusão

Ao estudarmos o conceito de feminilidade em nossa cultura, conseguimos entender o papel da mulher na sociedade. Papel este que é transmitido às adolescentes, influenciando nas suas escolhas e nos seus projetos de vida.

O progresso da ciência, com a chegada da pílula anticoncepcional, possibilitou às mulheres desvincular a sexualidade da maternidade, podendo usufruir sua sexualidade sem medo de engravidar e, consequentemente, ter relações sexuais mais prazerosas e tranqüilas. Em seguida, veio a descoberta do corpo com menos culpa, pondo abaixo a repressão sexual. Cada vez mais o prazer é absorvido como algo a que se tem direito.

As gerações mais novas têm iniciado cada vez mais cedo sua vida sexual e, como resultado deste novo comportamento, o risco ainda mais freqüente de uma gravidez na adolescência. Esse fator já é, há algum tempo, motivo de preocupação comum aos governos, mídia, médicos, pais, educadores e a toda população. No Brasil, a gravidez precoce em meninas de 15 a 19 anos aumentou 150%, aproximadamente, nas duas últimas décadas, segundo informa o IBGE.

Nos dias atuais, as mulheres são mais informadas, exigentes, participativas e agentes de importantes mudanças sociais e comportamentais. Conhecendo hoje, os métodos contraceptivos, elas podem desfrutar a sua liberdade sexual com mais responsabilidade, buscando um planejamento familiar que ofereça mais qualidade à sua vida e aos seus relacionamentos.

As mulheres estão mais comprometidas com a inovação, o modernismo, suas conquistas e a possibilidade de ter autonomia em relação às escolhas que vêm conquistando. Por que não dizer que elas estão adorando ser as protagonistas desta história ao longo dos anos? Hoje, ela tem a opção de escolher o destino que deseja para sua vida pessoal, profissional e sexual.

Sem dúvida, o movimento feminista foi importante na transformação do papel social da mulher nas últimas décadas. Elas teceram, através dos tempos, meios de resistência à opressão masculina, e hoje, têm a oportunidade de fazerem suas próprias escolhas e serem mais felizes. Basta querer!

Para as adolescentes, um aviso: gravidez fora de hora é uma roubada! A adolescência não é a melhor fase da vida para engravidar; grávida, a menina tem de lidar com as tarefas de se tornar independente, já que tem um bebê sob sua responsabilidade. As adolescentes precisam ter condições de descobrir, escolher e traçar seus caminhos de maneira sadia e inteligente; para uma grávida tudo isso é mais difícil. Pense nas atividades que você terá de se privar pela circunstância do bebê? Lembre-se que, de alguma maneira, o seu desenvolvimento estará sendo afetado, pois você terá de deixar de fazer coisas simples, como sair com as amigas, ir a festas, dançar, paquerar... Enfim, o melhor período da sua vida estará sendo "desperdiçado".

Infelizmente, nós vivemos numa sociedade em que os valores estão completamente invertidos. Por isso, a boa estruturação e a saúde mental de uma família é importante nesse processo. Sabemos que a família é a base e a chave para todas essas questões. Em conflito, a adolescente vai buscar nas ruas o que ela não encontra em casa: amizade, diálogo, orientação sexual e carinho.

Temos consciência que situações ideais não existem; mas, é fundamental que as relações entre pais e filhos sejam preservadas, cultivadas com amor, dedicação, paciência e respeito mútuo.

Dr. José Bento

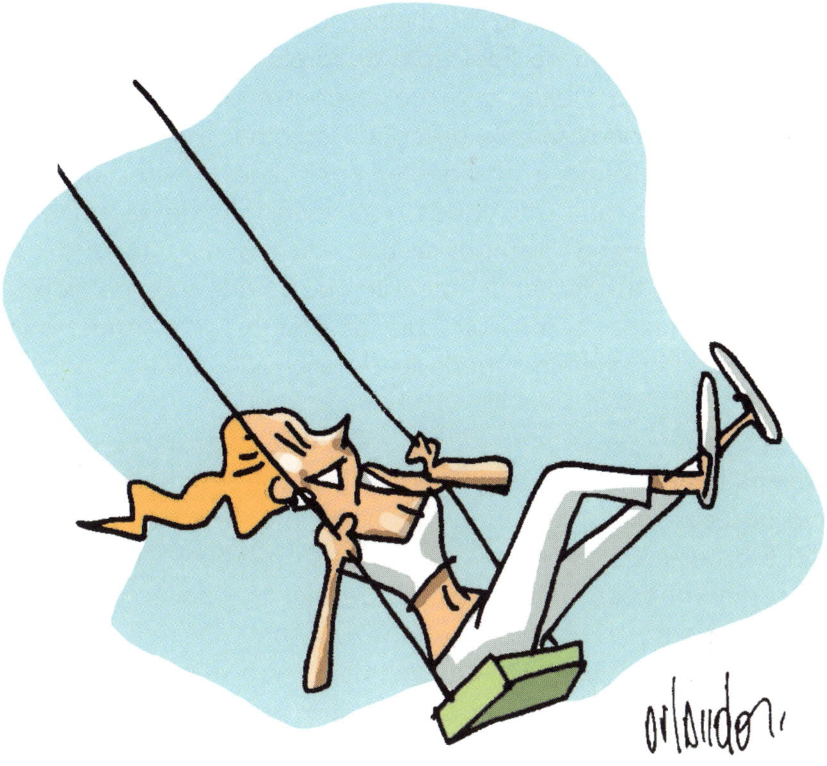
orlando

Bibliografia

LIVROS

BOECHAT FILHO, Carlos e CASTRO, Heloísa. *Falando de Sexo com Amor*. Editora Vozes, Petrópolis, 1999.

BOUER, Jairo & DUARTE, Marcelo. *O Guia dos Curiosos: Sexo*. Cia das Letras, São Paulo, 2001.

DADOORIAN, Diana. *Pronta para Voar: um novo olhar sobre a Gravidez na Adolescência*. Editora Rocco, Rio de Janeiro, 2000.

DANTAS SIMÕES, Paula. *Sexo & Amor*. Dunya, Rio de Janeiro, 1998.

GUAZELLI, Cristina. *Avanços na Anticoncepção*.

GUILLEBAUD, John. *Contraception, Your Questions Answered*. Churchill Livings tone, 1989.

RODRIGUES, Elaine. *Namoro sem Grilos*. Sem editora, São Paulo, 2002.

SOUZA, José Bento de. *Saúde da Mulher*. DBA, São Paulo, 1999.

OLIVEIRA, Dr. Alexandre. *Sexualidade da Mulher*. Biologia & Saúde, São Paulo, 2002.

TAYLOR, Timothy. *The Prehistory of Sex*. 4th Ed, 1996.

WUSTHOFF, Roberto. *Descobrir o sexo*. Editora Ática, São Paulo, 1999.

SITES

www.agendadasaude.com.br
www.aids.gov.br
www.anticoncepcao.org.br
www.atrevida.com.br
www.caliente.com.br
www.capricho.com.br
www.celsam.org
www.cnn.com
www.corpohumano.hpg.ig.com.br
www.dreinar.med.br
www.drjosebento.com.br
www.feminissima.com.br
www.gineco.com.br
www.guiadosexo.com.br
www.hcancer.org.br
www.igirl.com.br
www.ipas.org.br
www.janssen-cilag.com
www.jnjbrasil.com.br
www.nnt.nhs.uk
www.oliberal.com.br
www.orthoevra.com
www.planetadamulher.com.br
www.popcouncil.org
www.preserv.com.br
www.saudenainternet.com.br
www.sexoteen.com.br
www.she.com.br
www.sic.pt
www.sosdoutor.com.br

REVISTAS

Atrevida, Capricho, Claudia, Época, Go Atual, Querida, Saúde, Sexo & Saúde e The New Yorker (USA)

JORNAIS

Folha de S. Paulo, O Estado de S. Paulo e Population Reports (USA)

MONOGRAFIA ADESIVO CONTRACEPTIVO

Fertility & Sterility. *Visão Geral da Farmacocinética do Contraceptivo Adesivo Transdérmico Evra ®*. Volume 77, Supplements 2, February 2002, Pages 3-12

Fertility & Sterility. *Eficácia Contraceptiva e Controle do Ciclo com o Sistema Contraceptivo Transdérmico Evra®*. Vol 77, Supplement 2, Feb 2002, Pages 13-18

Fertility & Sterility. *Análise Comparativa da Combinação de Estudos sobre a Segurança e a Tolerabilidade do Adesivo Transdérmico Evra ®*. Vol 77, Supplement 2, Feb 2002, Pages 19-26

Fertility & Sterility. *Avaliação da Adesão ao Tratamento com o Contraceptivo Transdérmico de Uso Semanal Evra ® em Mulheres Norte-Americanas*. Vol 77, Supplement 2, Feb 2002, Pages 27-31

Fertility & Sterility. *Resumo Integrado de Adesividade do Contraceptivo Adesivo Transdérmico Evra ® em Climas e Condições Variadas*. Vol. 77, Supplement 2, Feb 2002, Pages 32-35